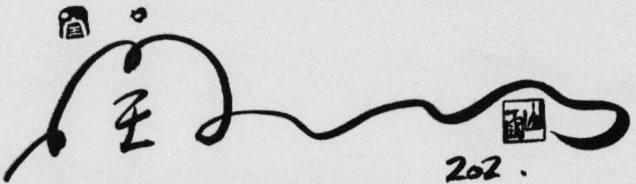

202.

연안부두 사랑

연안부두 사랑

2025년 7월 20일 제 1판 인쇄 발행

지 은 이 ㅣ 전산우
펴 낸 이 ㅣ 박종래
펴 낸 곳 ㅣ 도서출판 명성서림
등록번호 ㅣ 3012014013
주   소 ㅣ 04625 서울시 중구 필동로6(2,3층)
대표전화 ㅣ 02)2277-2800
팩   스 ㅣ 02)2277-8945
이 메 일 ㅣ msprint8944@naver.com

값 15,000원
ISBN 979-11-7439-014-1

지은이 전산우 010-6648-1232

대중가요 1,000편 작사 기념 100선집

전산우 제3작사집

연안부두 사랑

도서출판 명성서림

전산우(全山雨) 작사가는

- 강원도 인제 富坪 출생, 소양 댐으로 고향이 수몰 인천 富平 이주
- 1996년 문학세계로 등단
- 시산문학(詩山文學) 회장 및 편집국장 역임
- 한국문인협회, 대륙문학, 월간 신문예, 월간 시 회원으로 활동
- 한국가곡작사가협회 수석부회장 및 감사 역임
- 〈강원에 살으리랏다〉 동인지 현재 회장
- 제1회 시산문학상 대상, 제7회 한국가곡예술인상, 제10회 월파문학 상, 제4회 대륙문학상, 제3호 시산인상 등 수상
- 국가 유공자(포병 관측장교로 베트남 전쟁 참전)
- 히말라야 안나푸르나 베이스 캠프·오스트레일리안 캠프 트레킹

- 대중가요 발표 '다시 웃어 주겠니' '내가 잘못했어' '보름달' '인생은 장기판' '날 잊어버렸나' '사랑은 너무 미끄러워서' '그대가 매어주던 스카프' '당신이 아니었으면' '그런 사랑이었나요' '그대가 떠나면' '만년설 사랑' '하늘만큼 행복했어' '사탕보다 더 달아서' '넌 지금 어디 있니' '어서어서 이리 오세요' '공지천에서' '정이란' '오빠 오빠 오빠' '반쪽 사랑' '청춘 열차' '뜨거운 술잔' '연안부두 사랑' '당신이 세 상에서 첫 번째'
- '가슴속엔 비가 내려요'(이상 전체 작곡가 김성봉 작곡·노래)

- 리메이크 : '공지천에서' '청춘 열차'(노래 박정식)
- 리메이크 : '다시 웃어 주겠니' '연안부두 사랑' (노래 박윤호)

- AI 음원 생성 : '영심이' '동짓달 기나긴 밤을' '첫술에 배가 부르나요' '너 없으면'(한국문학방송 안재동)

- 노래방 출시 '공지천에서' 태진노래방 87254
- 반주기 등록 '공지천에서' 엘프반주기 38075
- 반주기 등록 '청춘 열차' 엘프반주기 39466
- 반주기 등록 '다시 웃어 주겠니' 엘프반주기 75929
- 반주기 등록 '연안부두 사랑' 엘프반주기 75897

- 대중가요 작사 1,000편 달성(2022.10.17.~2025.7.17. 매일 새벽 1편 작사)

- 제1작사집 『다만 한 사람』 2023년 출간
- 제2작사집 『공지천에서』 2024년 출간
- 제3작사집 『연안부두 사랑』 2025년 출간

- 제10회 서울창작합창제에 작사 '코스모스 그리움' 참가(작곡 임정은, 합창 서울바로크싱어즈, 지휘 강기성, 반주 이희남)
- 제12회 서울창작합창제에 작사 '꽃비가 내리는데' 참가(작곡 최현석, 합창 서울바로크싱어즈, 지휘 강기성, 반주 오현미)
- 제13회 서울창작합창제에 작사 '내린천 연가' 참가(작곡 심진섭 합창 서울바로크싱어즈, 지휘 강기성, 반주 오현미)
- 제14회 서울창작합창제에 작사 '꽃바보' 참가(작곡 김수정, 합창 코리아챔버싱어즈, 지휘 김동현, 반주 이은영)

- 제15회 서울창작합창제에 작사 '바람의 노래' 참가(작곡 길정배, 합창 서울바로크싱어즈, 지휘 강기성, 반주 오현미)
- 제17회 서울창작가곡제에 작사 '그리운 산' 참가(작곡 김요섭, 소프라노 장혜원, 피아노 손영경)
- 제24회 서울창작 가곡제에 작사 '계양산에서' 참가(작곡 길정배, 바리톤 박홍우, 피아노 이은영)
- '어느 날 문득' 작사(작곡 김종덕, 바리톤 김종표) 등 발표

- 시집 :『깊은 밤이 거기 서 있지만』『내 영혼 속의 풍향계』『웃음의 배후』『바람의 입술』『전철에 사랑을 싣고』『꽃 한 송이 피는 순간』『사랑은 뜨거운 불꽃으로 살아가는 것이다』『사랑을 하면 가을도 봄』『전 詩人 오늘은 어느 山인가(3인 공동 시집)』
- 시선집 :『산속을 걸었더니』
- 교양서 :『한눈에 쏙쏙 띄어쓰기』
- 단편 소설 :『눈물 꽃』『화왕산 가는 길』『시렁 위의 닭둥우리』등

집필실 山雨齋

작사가의 말

2022년 10월 17일, 오직 사랑이라는 하나의 주제로 가사를 쓰기 시작했습니다. 그리고 마침내 2025년 7월 17일, 1,000번째 가사를 완성하는 뜻깊은 결실을 맺었습니다.

그동안 써온 가사 중 제 마음을 가장 움직였고, 세상에 내놓으면 사랑을 받을 수 있겠다고 생각한 100편을 엄선하여 세 번째 작사집으로 선보이게 되었습니다. 2023년과 2024년에 이어지는 소중한 결과물이기에 더욱 감회가 새롭습니다.

창작의 길은 마치 삶의 여정이나 험난한 산길을 걷는 것과 같았습니다. 맑고 화창한 날도 있었지만, 때로는 거센 비바람이나 눈보라를 만나기도 했습니다. 몸이 아프거나 장기간 여행으로 잠시 펜을 놓고 싶을 때도 있었고, 때로는 중도에 포기하고 싶은 순간도 찾아왔습니다.

그처럼 순탄치 않은 날들이 저를 멈칫거리게 했지만, 한번 시작한 길을 중간에 포기할 수는 없었습니다. 1,000편이라는 목표를 세우면서 수많은 고민을 했습니다. 어떤 어려움이 닥쳐도 탱크처럼 굳건히 밀고 나가겠다는 결심과 다짐으로 시작한 여정을 멈출 수는 없었습니다. 하루하루 저축하듯 쌓여가는 작품들을 보며 저는 다시금 용기와 힘을 얻을 수 있었고, 그렇게 어려운 순간들을 이겨내며 1,000편의 가사를 완성할 수 있었습니다.

제가 쓴 가사 중 28편이 노래로 만들어져 대중과 만났고(본문 1부 전곡, 본문 2부부터는 미작곡), 노래방과 엘프 반주기에까지 진출하는 기쁨도 맛보았습니다. 이 모든 경험은 저에게 또 다른 목표를 향해 나아갈 용기를 주었습니다. 이제 저는 사랑에 대한 2,000편의 가사에 도전하고자 합니다.

제가 쓴 가사들이 노래가 되어 많은 사람들의 심금을 울리고, 가슴을 따뜻하게 다독이며 위로가 될 수 있기를 진심으로 바랍니다.

이 모든 여정에는 김성봉 선생님(작곡가·가수)과 가수 선생님 그리고 언제나 따뜻한 눈길로 저의 어깨를 두드려 주신 많은 분들이 계십니다. 그 모든 분들께 무한한 감사를 드립니다.

또한, 제가 조용히 창작에 몰두할 수 있는 집필실을 마련해 준 사랑하는 아내와 아들, 며느리에게도 이 지면을 빌어 고마운 마음을 전합니다.

2025년 7월 한여름 어느 날
山雨齋에서
全山雨 拜

차례

1부 • 연안부두 사랑

2부 • 난 당신 냄새가 좋아요

3부 • 하모니카 소리

4부 • 와인

5부 · 비 오는 날의 끌림

1부

연안부두 사랑

연안부두 사랑

가수 박윤호

바람이 불고 파도가 높아서
배가 못 뜨고 발이 묶였나요
애타는 내 마음을 몰라주는
저 바다를 어쩌면 좋아요

뭐가 저리 좋은지 갈매기는
신이 나서 날아다니는데
얼마나 더 바다를 바라보면
사랑하는 당신 얼굴 만져 볼까요
아아 안타까운 연안부두 사랑

바람이 불고 파도가 높아서
배가 못 뜨고 발이 묶였나요
애타는 내 사랑을 갈라놓는
저 바다가 미워요 싫어요

뭐가 저리 좋은지 갈매기는
신이 나서 노래 부르는데
얼마나 더 바다를 바라보면
사랑하는 당신 얼굴 만져 볼까요
아아 안타까운 연안부두 사랑

얼마나 더 바다를 바라보면
사랑하는 당신 얼굴 만져 볼까요

아아 안타까운 연안부두 사랑
아아 안타까운 연안부두 사랑

공지천에서

가수 박정식

그날 밤 그 약속은 어디로 간 거니
호수에 달 뜨는 밤 만나자고 해놓고
나타나지 않는 사람아
나타나지 않는 사람아

걸어오는 저 사람인가
지나가는 이 사람인가
이리저리 쳐다보지만
처음 보는 얼굴들

불어오는 강바람에 가슴이 시린데
강물에 저렇게 달빛이 가득한데

그날 밤 손가락은 뭐 하러 걸었니
호수에 달 뜨는 밤 만나자고 해놓고
나타나지 않는 사람아
나타나지 않는 사람아

걸어오는 저 사람인가
지나가는 이 사람인가
이리저리 쳐다보지만
처음 보는 얼굴들

불어오는 강바람에 온몸이 시린데

공지천이 저렇게 달빛에 젖었는데
공지천이 저렇게 달빛에 젖었는데
공지천이 저렇게 달빛에 젖었는데

당신이 세상에서 첫 번째

가수 김성봉

수없이 피어나는 꽃 중에서
가장 아름다운 꽃 하나는 당신
밤하늘 반짝이는 별 중에서
가장 아름다운 별 하나는 바로 당신

세상을 고루고루 어루만져
꽃밭을 만드는 하늘처럼
가슴이 그렇게 따뜻한
좋은 사람 만난 것 같아요

당신이 세상에서 첫 번째로
좋아하는 사람이 될 것 같아요
당신이 세상에서 오직 하나
사랑하는 사람이 될 것 같아요

들녘에 피고 지는 꽃 중에서
가장 아름다운 꽃 하나는 당신
밤하늘 소곤대는 별 중에서
가장 아름다운 별 하나는 바로 당신

세상을 고루고루 어루만져
꽃밭을 만드는 하늘처럼
가슴이 그렇게 따뜻한
좋은 사람 만난 것 같아요

당신이 세상에서 첫 번째로
좋아하는 사람이 될 것 같아요
당신이 세상에서 오직 하나
사랑하는 사람이 될 것 같아요

당신이 세상에서 오직 하나
사랑하는 사람이 될 것 같아요

뜨거운 술잔

가수 김성봉

지금도 어제 같아요 그날 밤 그대와 나
한숨과 한숨 사이에 비워지던 술잔

이 잔은 사랑의 잔 이 잔은 이별의 잔
비우고 채우던 눈물의 술잔

추억이 넘치도록 눈물이 넘치도록
채우고 비우던 뜨거운 술잔

그날 밤이 지나고 우리 사랑은
없던 일이 되었지만
그 술잔 그 눈물 아직도 그리워라

이 잔은 사랑의 잔 이 잔은 이별의 잔
비우고 채우던 눈물의 술잔

추억이 넘치도록 눈물이 넘치도록
채우고 비우던 뜨거운 술잔

그날 밤이 지나고 우리 사랑은
없던 일이 되었지만
그 술잔 그 눈물 아직도 그리워라
아직도 그리워라 아직도 그리워라

청춘 열차

가수 박정식

청춘 열차는 달려간다 날마다 바람을 가르며
쭉쭉 뻗은 철길을 신나게 달린다 달려간다
가는 길은 가슴이 설레고 오는 길은 만족해 웃어요

씽씽씽씽 달리는 열차 두근두근 뛰는 가슴
낭만이 가득한 춘천을 향해 청춘들이 달려간다
가는 내내 소곤소곤 오는 길은 다같이 행복해

아하 청춘 열차는 빈자리가 없어
아하 청춘 열차는 사랑이 넘치네

매일매일 달려간다 청춘을 싣고서 달린다
오며 가며 열차는 사랑을 싣고서 달려간다
가는 내내 이야기 꽃피고 오는 내내 사랑이 꽃피네

씽씽씽씽 달리는 열차 두근두근 뛰는 가슴
낭만이 가득한 춘천을 향해 청춘들이 달려간다
가는 내내 소곤소곤 오는 길은 다같이 행복해

아하 청춘 열차는 빈자리가 없어
아하 청춘 열차는 사랑이 넘치네 사랑이 넘치네

다시 웃어 주겠니

가수 박윤호

그동안 소식을 몰라 보고 싶었는데
아무도 몰래 엎드려 울고 있었구나

그동안 간 곳을 몰라 찾아다녔었는데
아무도 몰래 혼자서 울고 있었구나

네 눈에 눈물이 그렁그렁 고여
두 볼에 흘러내리네

우리 만나며 꽃길을 걷던
추억이 흘러내리네

그동안 소식을 몰라 보고 싶었는데
엎드려 몰래 혼자서 울고 있었구나

내 눈에 눈물이 주룩주룩 흘러
한없이 흘러내리네

우리 다정히 들길을 걷던
추억이 흘러내리네

그동안 소식을 몰라 보고 싶었는데
울지 말고 그때처럼 다시 웃어 주겠니
다시 웃어 주겠니

보름달

가수 김성봉

하루가 지나가고 어두워지면
저 하늘에 대낮같이 뜨는 보름달
우리 님 오시는 길 밝기도 해라
우리 님 오시는 길 밝기도 해라

외롭던 하루 가고 날이 저물면
해 대신 저 하늘에 뜨는 보름달
오는 길 넘어질라 잠도 안 자고
우리 님 어서 오라 밤을 밝히나

귀뚜리 울어 울어 밤은 깊은데
나보다 더 안달하는 저 보름달
애타는 내 마음을 어찌 다 알고
따스한 그 손길로 어루만지나

귀뚜리 울어울어 밤은 깊은데
나보다 더 안달하는 저 보름달
애타는 내 마음을 어찌 다 알고
따스한 그 손길로 어루만지나
따스한 그 손길로 어루만지나

가슴속엔 비가 내려요

가수 김성봉

어느 날 내 가슴에
사랑이란 불덩어리를
던져 놓은 그대여

그날부터 내 가슴은
조용한 날 없었고
파란 하늘보다
비바람이 많았네

날마다 혼자 있게 할 거라면
뭐 하러 불을 질렀어요
겉으론 멀쩡한 것 같지만
가슴속엔 비가 내려요

밤마다 혼자 울게
할 거라면 내 가슴속에
불은 왜 질러

나를 사랑하는 마음
그대로인 건가요
나를 여전히
사랑한다 해 줘요

밤마다 혼자 있게 할 거라면

뭐 하러 불을 질렀어요
겉으론 멀쩡한 것 같지만
가슴속엔 비가 내려요
가슴속엔 비가 내려요

인생은 장기판

가수 김성봉

인생은 포가 날고 말이 뛰어가는 장기판
밀고 당기고 울고 웃는 사랑도 장기판
장군이야 멍군이야 요리조리 머리 쓰고
온갖 술수가 판을 치는 싸움판

마음만 급해 미련하게 밀어붙이다간
오도 가도 못하고 두 손 드는 싸움판
하늘 아래 사람으로 태어났으면
차처럼 신나게 달려도 봐야지

인생은 졸도 되고 상도 될 수 있는 장기판
밀고 당기고 울고 웃는 사랑도 장기판
장군이야 멍군이야 요리조리 머리 쓰고
온갖 술수가 판을 치는 싸움판

마음만 급해 미련하게 밀어붙이다간
오도 가도 못하고 두 손 드는 싸움판
하늘 아래 태어나서 살아간다면
차처럼 씽씽 달려도 봐야지
차처럼 씽씽 달려도 봐야지

날 잊어버렸나

가수 김성봉

우리가 만났던 게 언제였나요
우리가 안아본 게 언제였나요

저 해는 아침마다 날 보러 오는데
그대는 웬일인지 보이질 않네

저 해는 매일매일 날 보고 웃는데
저 새는 매일매일 날 깨워 주는데

날 잊어버렸나 날 보러 안 오네
나를 잊어버렸나

저 해는 아침마다 날 보러 오는데
그대는 웬일인지 보이질 않네

저 해는 매일매일 날 보고 웃는데
저 새는 매일매일 날 깨워 주는데

날 잊어버렸나 날 보러 안 오네
나를 잊어버렸나

날 잊어버렸나 날 보러 안 오네
나를 잊어버렸나

그대가 매어 주던 스카프

가수 김성봉

찬 바람 불어오고 목이 시리면
그대가 매어 주던 고운 스카프

오래전 일인데도 어제 같아요
오래전 일인데도 눈에 선해요

물만 마시고도 꽃대를 높이 세워
그댈 향해 미소 짓는 난꽃 같다고

만지면 떨어질까 아껴 만진다고
귀에 대고 속삭인 말 아직 들려요

찬바람 불어오고 목이 시린데
이제는 그대 없어 누가 매주나

그대가 매어 주던 고운 스카프
이제는 그대 없어 혼자 걸어요

물만 마시고도 꽃대를 높이 세워
그댈 향해 미소 짓는 난꽃 같다고

만지면 떨어질까 아껴 만진다고
귀에 대고 속삭인 말 아직 들려요

찬바람 불어 오고 목이 시린데
이제는 그대 없어 누가 매주나

그대가 매어 주던 고운 스카프
이제는 그대 없어 혼자 걸어요

그대가 매어 주던 고운 스카프
이제는 그대 없어 혼자 걸어요

당신이 아니었으면

가수 김성봉

당신이 아니었으면
나는 어떻게 살았을까

해가 뜬 날이나
별이 뜬 날에도
내 곁에 있어 준 당신

첫사랑처럼 두근두근
내 심장 속에 머무는 당신

내가 어떻게 사랑을 안 해요
공기 같은 당신인데

당신이 아니었으면
어떻게 살아갈까

비 내리는 날이나
눈 내리는 날에도
내 곁에 머무는 당신

첫사랑처럼 두근두근
내 심장 속에 머무는 당신
내가 어떻게 사랑을 안 해요
공기 같은 당신인데

당신이 아니었으면
나는 어떻게 살았을까

비 내리는 날이나
눈 내리는 날에도
내 곁에 머무는 당신
내 곁에 머무는 당신

정이란

가수 김성봉

정이란 무서운 건데
이제 와서 말이 되나요
적을 베는 칼은 있지만
정을 베는 칼은 없어요

하룻밤 풋사랑이면
미련이야 없겠지만
우리가 그동안 별을 본 날이
셀 수도 없잖아요

하룻밤 풋사랑이면
눈물이야 없겠지만
우리가 그동안 사랑한 밤
셀 수도 없잖아요

정이란 뜨거운 건데
이제 와서 이게 뭔가요
풀을 베는 낫은 있지만
정을 베는 낫은 없어요

하룻밤 풋사랑이면
눈물이야 없겠지만
우리가 그동안 사랑한 날이
셀 수도 없잖아요

하룻밤 풋사랑이면
떠나도 그만이지만
우리가 그동안 사랑한 날
셀 수도 없잖아요
셀 수도 없잖아요

그런 사랑이었나요

가수 김성봉

나만 두고 어딜 가요
나만 두고 어딜 가요
그럼 나는 어떡해요
그럼 나는 어떡해요

사랑은 이런 게 아닌데
비가 오나 눈이 오나
손을 잡고 가는 건데

정말 정말 나 혼자 되면
만 촉짜리 전등불도
켜나 마나 하다구요

그런 사랑이었나요
그런 사랑이었나요
그날 밤도 거짓이었나요
가던 발길 돌려 주세요

사랑은 이런 게 아닌데
꽃길이나 들길이나
손을 잡고 가는 건데

정말 정말 나 혼자 되면
만 촉짜리 전등불도

켜나 마나 하다구요

그런 사랑이었나요
그런 사랑이었나요
그날 밤도 거짓이었나요
가던 발길 돌려 주세요
가던 발길 돌려 주세요

그대가 떠나면

가수 김성봉

그대가 떠나면 너무 아파요
그대가 떠나면 너무 슬퍼요

그대를 생각하다가 잠이 들었어요
잠을 자면서 그대 꿈을 꾸었어요

나를 뿌리치고 떠나는 그대
너무 슬퍼서 울었어요

아픔도 때로는 선물이라 하지만
꿈속에서도 날 떠나면 싫어요

그대가 떠나면 난 너무 아파요
그대가 떠나면 난 너무 슬퍼요

나를 뿌리치고 떠나는 그대
너무 슬퍼서 울었어요

아픔도 때로는 선물이라 하지만
꿈속에서도 날 떠나면 싫어요

그대가 떠나면 난 너무 아파요
그대가 떠나면 난 너무 슬퍼요
그대가 떠나면 난 너무 슬퍼요

그대가 떠나면 난 너무 아파요
그대가 떠나면 난 너무 슬퍼요

나를 뿌리치고 떠나는 그대
너무 슬퍼서 울었어요

아픔도 때로는 선물이라 하지만
꿈속에서도 날 떠나면 싫어요

그대가 떠나면 난 너무 아파요
그대가 떠나면 난 너무 슬퍼요

그대가 떠나면 난 너무 아파요
그대가 떠나면 난 너무 슬퍼요
그대가 떠나면 난 너무 슬퍼요

사랑은 너무 미끄러워서

가수 김성봉

사랑은 너무 미끄러워 미끄러워서
좀처럼 손에 잡히지 않아 미치겠어요

사랑은 마음이 잘 변하는 사람 같아요
커피처럼 뜨거울 때는 너무 좋은데

빙판처럼 미끄러질 때는 너무 미워요
다가가도 모른 척할 때는 너무 미워요

사랑은 너무 미끄러워 미끄러워서
모처럼 잡아도 빠져나가 미치겠어요

빙판처럼 미끄러질 때는 너무 미워요
다가가도 모른 척할 때는 너무 미워요

사랑은 너무 미끄러워 미끄러워서
모처럼 잡아도 빠져나가 미치겠어요
모처럼 잡아도 빠져나가 미치겠어요

하늘만큼 행복했어

가수 김성봉

가슴에 꽃씨를 뿌렸어 너를 심었어
무럭무럭 자라서 빨간 꽃이 피었어

가슴에 꽃씨를 뿌렸어 너를 심었어
빨간 꽃이 피어 나를 향해 웃었어

하늘만큼 행복했어
하늘만큼 행복했어
하늘만큼 사랑했어
하늘만큼 사랑했어

가슴에 사랑을 뿌렸어 행복을 심었어
너만 좋아할게 너만 사랑할게

하늘만큼 행복했어
하늘만큼 행복했어
하늘만큼 사랑했어
하늘만큼 사랑했어

가슴에 사랑을 뿌렸어 행복을 심었어
너만 좋아할게 너만 사랑할게
너만 좋아할게 너만 사랑할게

만년설 사랑

가수 김성봉

안나푸르나에 눈이 내리네
한번 내리면 그대로 쌓이네

안나푸르나에 눈이 내리면
사라지지 않고 영원히 쌓이네

안나푸르나의 눈처럼
한번 사랑하면
그대로 쌓이는 사랑

안나푸르나의 눈처럼
한번 사랑하면
영원한 사랑

당신을 사랑해요
당신을 사랑해요

안나푸르나의 눈처럼
천년만년 쌓이는 사랑

안나푸르나의 눈처럼
한번 사랑하면
그대로 쌓이는 사랑

안나푸르나의 눈처럼
한번 사랑하면
영원한 사랑

당신을 사랑해요
당신을 사랑해요

안나푸르나의 눈처럼
천년만년 쌓이는 사랑
천년만년 쌓이는 사랑

사탕보다 더 달아서

가수 김성봉

사탕보다 더 달아서
살금살금 만났어요

난로보다 몸이 달아서
몰래몰래 만났어요

박수받으며 웨딩마치 울리고
큰절드리고 싶었는데

왜 그렇게 뜯어말렸어요
왜 그렇게 반대하셨어요

저질러 버렸어요
방법이 없었어요

어쩔 수 없었어요
속도 위반했어요

날만 새면 보고 싶어
살금살금 만났어요

누가 볼까 소문이 날까
몰래몰래 만났어요

박수받으며 웨딩마치 울리고
큰절드리고 싶었는데

왜 그렇게 뜯어말렸어요
왜 그렇게 반대하셨어요

저질러 버렸어요
방법이 없었어요

어쩔 수 없었어요
속도 위반했어요

어쩔 수 없었어요
속도 위반했어요
속도 위반했어요

내가 잘못했어

가수 김성봉

네 마음을 풀어 줄게 너무 화내지 마
네 기분을 풀어 줄게 어서 기분 풀어
한여름에 서리를 내리면 슬퍼져
너무 화내지 마

이제는 가슴 활짝 열고
얼어붙은 가슴 얼른 녹여
하나부터 열까지 모두 내가 잘못했어

불어오는 저 바람에게
흘러가는 저 강물에게
안 좋은 마음 모두 풀어 버려

네 마음을 풀어 줄게 너무 화내지 마
네 기분을 녹여 줄게 어서 기분 풀어

한여름에 서리를 내리면 슬퍼져
너무 화내지 마
이제는 가슴 활짝 열고
얼어붙은 가슴 얼른 녹여
하나부터 열까지 모두 내가 잘못했어

불어오는 저 바람에게
흘러가는 저 강물에게

안 좋은 마음 모두 풀어버려

네 마음을 풀어 줄게 너무 화내지 마
네 기분을 녹여 줄게 어서 기분 풀어
네 마음을 풀어 줄게 너무 화내지 마
네 기분을 녹여 줄게 어서 기분 풀어

어서어서 이리 오세요

가수 김성봉

땅속에 숨어 사는 것 중에
가장 아름다운 건 보석이지요

하지만 어림도 없어요
보석 중의 보석은 반짝거리는
우리 님 눈빛인걸요

어서 어서 이리 오세요
이리 오세요
눈 한번 맞춰 보게요
맞춰 보게요

어서 어서 이리 오세요
이리 오세요
입 한번 맞춰 보게요
맞춰 보게요

땅 위에 살아가는 것 중에
가장 아름다운 건 꽃잎이지요

하지만 어림도 없어요
꽃잎 중의 꽃잎은 호호거리는
우리 님 입술인걸요

어서 어서 이리 오세요
이리 오세요
눈 한번 맞춰 보게요
맞춰 보게요

어서 어서 이리 오세요
이리 오세요
입 한번 맞춰 보게요
맞춰 보게요

입 한번 맞춰 보게요
맞춰 보게요

오빠 오빠 오빠

가수 김성봉

오빠 오빠 오빠 보고 싶어요
오빠 오빠 오빠 언제 시간 나세요

맨날 맨날 보고 싶은데
맨날 맨날 보고 싶은데

사랑보다 모가 중요해
사랑보다 모가 그리 중요해

맨날 맨날 보고 싶은데
맨날 맨날 보고 싶은데

오빠 오빠는 정거장
잠시 부르는 이름

여보 당신 할 때까지만
오빠라고 부를게요

오빠 오빠 또 언제 만나요
오빠 오빠 언제 또 사랑할래요

맨날 맨날 보고 싶어요
보고 싶어 못 살겠어요

사랑보다 모가 중요해
사랑보다 모가 그리 중요해

맨날 맨날 보고 싶은데
맨날 맨날 보고 싶은데

오빠 오빠는 정거장
잠시 부르는 이름

여보 당신 할 때까지만
오빠라고 부를게요

오빠 오빠 또 언제 만나요
오빠 오빠 언제 또 사랑할래요

맨날 맨날 보고 싶어요
보고 싶어 못 살겠어요

맨날 맨날 보고 싶어요
보고 싶어 못 살겠어요

넌 지금 어디 있니

가수 김성봉

날 두고 떠나간 그날 까마득한데
울면서 떠나가 그 어디 살고 있나

앞산에 단풍나무 잎이 다 떨어져
빈 가지만 남았는데

그 그늘 아래서 사랑한다던
너는 지금 어디 있니

날 두고 떠나간 너를 기다리는데
어느 별빛 아래 걷고 있을까

날 두고 떠나간 너를 기다리는데
어느 하늘 아래 어떻게 살고 있니

앞산에 보름달은 날 보고 있는데
나는 홀로 울고 있네

그 달빛 아래서 날 안아 주던
너는 지금 어디 있니

날 두고 떠나간 너를 기다리는데
너는 언제 내게 돌아오겠니
너는 언제 내게 돌아오겠니

반쪽 사랑

가수 김성봉

속이 붉은 수박처럼
속으로만 하는 사랑이라면
그런 반쪽짜리 사랑이라면
나는 하고 싶지 않아요

겉이 붉은 사과처럼
겉으로만 하는 사랑이라면
그런 반쪽짜리 사랑이라면
나는 하고 싶지 않아요

속으로만 하는 사랑은 싫어요
겉으로만 하는 사랑은 싫어요

따로 노는 해와 달처럼
떨어져서 하는 사랑이라면
그런 반쪽짜리 사랑이라면
나는 하고 싶지 않아요

온몸으로 하는 뜨거운 사랑
나는 그런 사랑 하고 싶어요
나는 그런 사랑 하고 싶어요

영삼이

가수 전산우

이제 너는 저 멀리 떠나갔는데
너는 떠나도 떠난 게 아닌데
여기저기 네 그림자가 어른거려
아무래도 오래오래 이럴 거 같아
이제 나는 누구랑 시간을 보내니

잊지 못해 우리의 만남을
잊지 못해 우리의 추억을
이제 너는 영원히 떠나갔는데

네가 없어도 없는 게 아닌데
자꾸자꾸 네 목소리가 귀에 들려
있을 때 잘해줄 걸 후회만 되고
이제 나는 누구랑 이야길 나누니

잊지 못해 우리의 만남을
잊지 못해 우리의 추억을
이제 너는 나를 두고 가버렸는데

정말 너는 영영 내 곁을 떠나갔는데
여기에도 저기에도 네 흔적이야
아무래도 오래오래 이럴 거 같아
이제 나는 외로워서 어떻게 산다니

여기에도 저기에도 네 흔적이야
아무래도 오래오래 이럴 거 같아
이제 나는 외로워서 어떻게 산다니
외로워서 어떻게 산다니
외로워서 어떻게 산다니

첫술에 배가 부르나요

가수 전산우

첫술에 배가 부르나요
첫눈에 눈이 돌아갔지만
고개도 넘고 강도 건너야지요
윙크 한 번에 넘어오는 여자 어디다 쓰게요
밀고 당기는 재미가 낚시만 있나요

인생도 사랑도 한 고개 두 고개 넘는 거지요
사람도 사랑도 그러면서 익어 가는 거지요

첫술에 배가 부르나요
첫 만남에 왕창 반했지만
고개도 넘고 강도 건너야지요
말 한마디에 넘어가는 여자 아무짝에 못 써요
오르고 내리는 재미가 등산만 있나요

인생도 사랑도 한 고개 두 고개 넘는 거지요
사람도 사랑도 그러면서 익어 가는 거지요

첫술에 배가 부르나요
첫 만남에 왕창 반했지만
고개도 넘고 강도 건너야지요
말 한마디에 넘어가는 여자 아무짝에 못 써요
오르고 내리는 재미가 등산만 있나요

인생도 사랑도 한 고개 두 고개 넘는 거지요
사람도 사랑도 그러면서 익어 가는 거지요

인생도 사랑도 한 고개 두 고개 넘는 거지요
사람도 사랑도 그러면서 익어 가는 거지요
익어 가는 거지요 익어 가는 거지요

너 없으면

가수 전산우

사랑하면 백팔십도 달라진다더니
사랑하면 딴사람이 된다더니

세상이 너무 힘들 때는
사람들 대하기도 싫었는데
널 만난 뒤부터 확 달라지더라
없던 용기도 생기더라
어두웠던 세상에 동이 트더라
못 살겠더라 너 없으면

사랑하면 백팔십도 달라진다더니
사랑하면 딴사람이 된다더니

네가 자꾸 보고 싶더라
널 너무 사랑해서 그랬는데
널 만난 뒤부터 확 달라지더라
없던 희망도 생기더라
메마르던 대지에 꽃이 피더라
못 살겠더라 너 없으면

없던 희망도 생기더라
메마르던 대지에 꽃이 피더라
못 살겠더라 너 없으면
못 살겠더라 너 없으면

너 없으면 너 없으면
너 없으면 너 없으면

동짓달 기나긴 밤을

가수 전산우

바람이 물어 나르는 풍문에
자기가 외톨인 줄 알고
졸졸졸 따라다니는 여시들이
있다지만 그러라 그래요

몰라서 그래요 걱정 안 해요
끼어들다간 튕겨 나가요
우리는 벌써 동짓달 기나긴 밤을
서리서리 펴고 건넌 사이라구요

구름이 실어 나르는 소문에
자기가 외톨인 줄 알고
졸졸졸 따라다니는 여시들이
있다지만 그러라 그래요

몰라서 그래요 신경 안 써요
끼어들다간 튕겨 나가요
우리는 벌써 동짓달 기나긴 밤을
서리서리 펴고 건넌 사이라구요

우리는 벌써 동짓달 기나긴 밤을
서리서리 펴고 건넌 사이라구요
사이라구요 사이라구요
사이라구요

2부

난 당신 냄새가 좋아요

그랬었군요

세상에 가장 무서운 게
바로 오해라고 하죠.
뒤늦게야 그런 사정이
있었다는 걸 알았네요

식어가는 커피만 바라보며
전화 한 통 없는 걸
서운해했는데
아~ 그랬었군요

한 치 앞도 모른다더니
당신이 그 끔찍한
교통사고 한가운데 있었다니요

세상에 가장 안 좋은 게
바로 오해라고 하죠
시간이 지나서야 그런 아픔이
있었다는 걸 알았네요

저무는 바깥 풍경만 보며
연락 한 번 없는 걸
서운해했는데
아~ 그랬었군요

한 치 앞도 내다볼 수 없다더니
당신이 그 혼란스러운
사고 속에 있었다니요
당신이 무사하다니
정말 천만다행입니다

립스틱을 바르며

발이 닳게 쫓아다닌 그대
하룻밤 꿈처럼 사라졌네
꽃 피고 지는 세월에도
그댄 소식조차 없지만
난 립스틱 바르며 기다려요

날 두고 떠난 사람인데
흐린 하늘만 남긴 사람인데
무엇이 좋아 그리워할까
그래도 돌아온다면
모든 서운함 잊고 사랑할래요

달이 유난히 밝은 밤이면
미움도 보고픔에 가려져
떼어간 내 맘 한 조각
제발 다시 돌려놓으라 읊조려요

날 두고 떠난 사람인데
흐린 하늘만 남긴 사람인데
무엇이 좋아 그리워할까
그래도 돌아온다면
모든 서운함 잊고 사랑할래요

사랑은 안개 같아서

찬 서리 내리고 꽃잎 지면
춤추던 나비는 간 곳 없네
어디로 사라졌을까
알 수 없는 마음
마치 안개 속으로 사라진
그대 모습 같아요

아~ 사랑은 안개 같아서
붙잡으려 해도 흩어지고
아~ 세상은 꿈결 같아서
덧없이 사라지네요

뜨거운 여름 가고 풀이 시들면
온 들에 피던 꽃들도 보이질 않네
한겨울 지나 봄바람 불면
들꽃처럼 나비처럼
그대도 돌아올까요

아~ 사랑은 안개 같아서
붙잡으려 해도 흩어지고
아~ 세상은 꿈결 같아서
덧없이 사라지네요

가슴이 두근거려요

세월 넘어 노을 속에 그대와 함께 걷네
눈물 나게 반가운 사람 나의 옛 사랑

물푸레나무처럼 싱싱했던 젊은 날
사랑하다 헤어진 그대 다시 만났네

그 시절처럼 그 손을 꼭 잡으니
젊은 날처럼 가슴이 두근거려요

꽃과 나비처럼 어울리다 놓았던 그 손
아득한 세월 지나도 고운 모습 그대로

무슨 일 일어날 듯 가슴이 두근거려요
그 시절처럼 그 손을 꼭 잡으니
젊은 날처럼 가슴이 두근거려요

사랑이 나를 울려요

날 아끼던 그대가 차갑게 변했네요
내가 무슨 잘못을 했는지 눈물만 흘러요

사랑을 속삭이던 날 모든 걸 다 주어도
하나도 아깝지 않았는데
이제 와서 버려진 건가요

어떻게 이럴 수 있나요
이젠 마음이 변해서 내가 싫어졌나요
뜨겁던 지난날 추억들을
흔적도 없이 버릴 건가요

영원하자 맹세하던 날
모든 걸 바쳤는데
초라한 내 모습에 미련도 없어졌나요
사랑이 나를 울려요
사랑이 나를 울려요

닿을 듯 말 듯

난 그댈 그저 좋아하는데 온 마음 다해 사랑하는데
왜 내 맘을 몰라줄까 이런 내가 참 서글퍼

어떻게 해야 그대도 나를 볼까
어떻게 해야 그대 맘 흔들릴까
내 진심이 닿질 않아 이 밤이 참 서글퍼

정말 잘하고 싶은데 그대에게 다가가고 싶은데
내가 어떻게 하면 한 뼘이라도 다가와 줄까
그대와 함께면 모든 게 좋아 나를 사랑해 줘

어떻게 해야 그대도 나를 볼까
어떻게 해야 그대 맘 흔들릴까
내 진심이 닿질 않아 이 밤이 참 서글퍼

정말 잘하고 싶은데 그대에게 다가가고 싶은데
내가 어떻게 하면 한 뼘이라도 다가와 줄까

그대와 함께면 모든 게 좋아
나를 사랑해 줘
나를 사랑해 줘

보고 싶어 그래요

오늘은 뭘 하며 시간을 보냈나요
난 매일 홀로 그저 먼 산만 바라봐요

한번 와 봐요 정말 그런지 아닌지
내 몸은 여기 있어도
마음은 늘 그대 곁에 가 있어요

너무 그리워서 그래요
너무 보고 싶어 그래요

아무 데도 가지 말고 날 기다려 줘요
이웃집 마실 가듯 금방 갈게요

빈자리

첫 나들이 약속에 밤잠 설치던 날
설렘 가득한 마음은 이미 저 먼곳에
갑자기 일이 생겼다는 그대 말에
꿈 같던 내 기대는 저 멀리 사라졌네

아~ 빈자리 채울 수 없네
아~ 텅 빈 가슴 달랠 길 없네
애써 웃음 지어도 눈물만 고여
이 못난 마음을 어이할꼬

나들이 가재서 만세 부르던 날
세상 다 가진 듯 날아갈 것 같았는데
미안하다는 한마디 그 말에
내 희망은 한순간에 무너졌네

아~ 빈자리 채울 수 없네
아~ 텅 빈 가슴 달랠 길 없네
내색은 안 해도 서운함 쌓여
이 못난 마음을 어이할꼬

다음엔 더 멋진 곳에 가자고
그 한마디에 또다시 흔들리는 바보
이 아픈 마음 달래줄 이 어디 없나
그대여 내 빈자리 채울 수없네

몰랐어요

예고 없이 스며든 그대
썰물처럼 홀연히 떠나가니
그 마음은 조수처럼 변덕스러운 건가요

차가운 사람이란 걸 몰랐어요
문풍지처럼 흔들리는
내 가슴은 어쩌면 좋을까요
어떻게 그럴 수 있나요

꽃처럼 환하게 웃게 하더니
지는 꽃잎처럼 눈물짓게 하다니
사랑도 이별도 그대 뜻대로인가요

이런 사랑일 줄은 몰랐어요
갈래갈래 찢겨진
내 마음은 어찌해야 하나요
무슨 사랑이었나요

피어나는 꽃처럼 눈부시게 하더니
시들어가는 꽃처럼 아픔을 주다니
사랑도 이별도 그저
스쳐 가는 바람이었나요

내 인생은 그대 만나

내 인생은 그대 만나 활짝 꽃 피었네
사랑도 그대와 함께 아름답게 피어났네

험한 자갈밭 뒤로하고
오직 꽃길만 걸어온 우리 사랑

목마르면 물 마시고
지치면 함께 쉬어 가네
길가엔 들꽃들 하늘엔 뭇별들
우린 그저 사랑만 하면 되었네

내 인생은 그대 만나 탐스러운 과일처럼
사랑도 그대와 함께 빨갛게 물들었네

험한 자갈밭 뒤로하고
오직 꽃길만 걸어온 우리 사랑

목마르면 물 마시고
지치면 함께 쉬어 가네
길가엔 들꽃들 하늘엔 뭇별들
우린 그저 사랑만 하면 되었네
우린 그저 사랑만 하면 되었네

그리운 이름 세 글자

님이라 불렀던 그대
사랑은 굽이진 오솔길 같아
어긋난 발걸음은 멀어져 가네

꽃잎보다 아름다웠던 그대
미움이 아닌 아쉬움으로 남았기에
아직도 그리운 이름 세 글자

님이라 불렀던 그대
사랑은 별빛 희미한 밤의 길 같아
길을 잃은 채 서로를 놓아 버렸네

푸른 하늘보다 깊었던 사랑이었지만
어리숙한 나의 사랑은 그댈 잡지 못하고
아직도 맴도는 이름 세 글자
그리운 이름 세 글자

님이라 불렀던 그대
사랑은 안개 자욱한 밤의 길 같아
앞이 보이지 않아 헤매었네

서툰 사랑 때문에
애타게 부르는 이름 세 글자
그리운 이름 세 글자

난 당신 냄새가 좋아요

찔레꽃 같은 바람이 불어요
바람에 묻어 있는 당신의 냄새
내가 그리워서 오시나 봐요

난 당신 냄새가 참 좋아요
얼마나 기다리면 오실까
어서 당신 냄새를 마시고 싶어요

장미꽃 닮은 바람이 불어요
은은히 흔들리는 당신의 냄새
내가 보고 싶어 오시나 봐요

난 당신 냄새가 늘 좋아요
얼마나 기다리면 만날까
어서 당신 냄새에 취하고 싶어요

난 당신 냄새가 늘 좋아요
얼마나 기다리면 만날까
어서 당신 냄새에 취하고 싶어요
어서 당신 냄새에 취하고 싶어요
어서 당신 냄새에 취하고 싶어요

그 이름이 나타면

고요한 너의 가슴속 깊숙한 곳에
문득 다른 누군가 머문다면
조심스레 기대할게요
그게 나이기를

우린 편안한 사이였죠
소소한 이야기를 나누며
기울인 찻잔의 온기처럼
별것 아닌 얘길 나누다
돌아서는 뒷모습이 아쉬웠죠

어느샌가 스며든 너의 모습은
잔잔한 물결처럼 일렁여
이젠 내 삶의 전부가 된 사랑

혹시나 찰나의 운명이 묻는다면
가슴 뛰는 단 하나의 이름
나의 모든 날들을 함께할 사람
망설임 없이 그 이름이 나이기를

그런 사람 어디에

세월아 바람아 덧없이 흘러가도
가슴속 시린 별 하나 찾고 싶어라

어제도 오늘도
저무는 석양 아래
반짝이는 별빛 같은
내 사람 어디에

아- 가슴 저려 눈물 흐를 때면
소리 없이 다가와
젖은 두 뺨 감싸안아 줄
따스한 그 손길 기다려요

샘물처럼 맑고 깨끗한 사랑
바위처럼 굳건한 믿음 줄 사람
아- 그런 사람 어디에 있을까

나만을 바라보는 해바라기 같은
진실한 사랑 찾아
덧없이 흐르는 인생길
별빛 같은 내 사람 만나고 싶어라

삶이 고달파 기댈 곳 없을 때면
말없이 내 어깨 토닥여 줄

해결사 같은 당신 어디에

샘물처럼 맑고 깨끗한 사랑
바위처럼 굳건한 믿음 줄 사람
아- 그런 사람 어디에 있을까

길에서 만난 그대

만날수록 깊어지는 그리움
알수록 사랑스러운 그대

낯선 길을 묻던 그날
마주친 별빛 같은
아- 서글서글한 그 눈빛에
이끌려 따라다녔지

사랑 열차 올라탄 두 사람
어깨 기대고 속삭이는 밤들

길을 묻다 시작된 사랑
아- 길에서 만난 나의 운명

길모퉁이 우연한 만남에
내 가슴 부싯돌을 친 사랑
명랑한 목소리에 반해
그대 그림자 따라다녔죠

길을 묻다 시작된 사랑
아- 길에서 만난 나의 운명

너무하세요

매정하게 돌아선 당신
야속하게 나를 두고 떠나가시나
너무하세요 너무하세요

목마른 가슴에 새긴 당신 이름
그토록 사랑했는데
그 많던 사랑은 바람결에 흩어져
아- 덧없는 꿈이었나

사랑은 한순간 눈빛으로 왔지만
이별은 영원한 타인인 줄 몰랐어요
이제는 불러도 대답 없는 그 이름
가슴 저미도록 보고 싶을 텐데
흐르는 눈물 막을 수 없어라

매정하게 돌아선 당신
미련 가득한 나를 두고 가시나
너무하세요 너무하세요

사랑은 덧없이 피었다 지지만
이별의 아픔은 깊이 새겨지네
나를 버리고 떠나간 당신
너무하세요 너무하세요
아- 야속한 나의 사랑아

우리 만나야

해는 저녁에 지고
아침에 다시 떠오르죠
바람도 멀어졌다가
다시 불어오잖아요
우리도 만나야
별을 따든 말든 하죠

그대 모습 오래도록 보이지 않아
제발 나타나요 내 마음이
그대 보고 싶어서 울고 있어요

서로 밀고 당기던 시간도 지나고
서로의 마음 재던 날들도 흘러갔죠
이젠 망설이지 말고
그대 내게로 와요
우린 다시 만나야 해요

별은 아침에 숨고
저녁이면 다시 빛나죠
파도도 물러섰다
다시 다가오잖아요
우리도 만나야
꽃을 따든 말든 하죠

얼굴 못 본 지 참 오래된 그대
어서 와 줘요 내 사랑이
안아주고 싶다고 울고 있어요

서로 밀고 당기던 시간도 지나고
서로의 마음 재던 날들도 흘러갔죠
이젠 망설이지 말고
그대 내게로 와요
우린 다시 만나야 해요

기다림이 사랑을 더 깊게 만들고
그리움이 우리를 더 단단하게 하죠

이젠 머뭇거리지 말고
그대 내 품에 와요
우리 만나야 해요
그래야 별도 따고 꽃도 피죠

그 약속만 지키면

달빛 아래 그 밤의 속삭임
잊으라니 어찌 내가 잊으리오

별 헤던 밤, 영원을 약속했건만
아- 당신은 야속한 사람이었네
그 말을 믿은 내가 바보였소

따 준다던 저 하늘의 별
그 약속만 지켜준다면
미련 없이 당신을 보내주리다

원하는 대로 다 해줄 테니
부디 내 눈물 닦아 주오
당신이 날 울릴 줄은 몰랐소

달빛마저 서러운 밤에
별 헤며 속삭이던 사랑의 맹세
덧없는 꿈이었나 허무한 약속이었나
그 말에 속은 내가 어리석었소

따 준다던 저 하늘의 별
그 약속만 지켜 준다면
이 아픈 사랑 놓아주리다

3부

하모니카 소리

세월

흥얼흥얼 흐르는 강물도
피었다 지는 꽃잎도 세월이라
그 속에서 어깨 기댄 우리 둘
정겹게 사랑 꽃을 피웠네

이마에 새겨진 인생의 흔적도
떨어지는 낙엽 보며 짓는 한숨도
모두 다 세월이 가져가건만

아- 천금보다 귀한 이 순간
뜨겁게 사랑하리 그대와
서산마루 저무는 저 달빛도 세월인 것을

떠나가는 바람결 머무는 구름도
덧없이 흘러가는 세월 속에
그대와 함께 불타는 사랑
알콩달콩 손잡고 걸어가리
사랑하며 영원히 함께 가리

아- 천금보다 귀한 이 순간
뜨겁게 사랑하리 그대와
서산마루 저무는 저 달빛도 세월인 것을
저 달빛도 세월인 것을

이슬도 사랑

그대 생각에 맺힌
눈물의 이슬도 사랑

함께 걷다 헤어질 때
나오는 한숨도 사랑

복잡한 세상 속
불꽃 같은 사랑도 하지 못하고
애만 태우네

흐르는 세월 속
달콤한 사랑도 하지 못하고
녹아내릴까 두려워

하지만 괜찮아 언젠가
그대를 안을 수만 있다면
이슬 맺히고
한숨 나와도 괜찮아

하지만 괜찮아 언젠가
그대를 안을 수만 있다면
이슬 맺히고
한숨 나와도 괜찮아

쿨한 여자

매달릴 줄 알았나요
울며 팔을 잡을 줄 알았나요
안 돼요 안 돼
세상이 떠나가라
울부짖을 줄 알았나요
사랑에 속은 내가 바보였죠

잡으면 뭐 해요 이미 떠난 마음
울어봤자 뭐 해요 사랑은 끝났는데

안 돼요 안 돼
세상이 떠나가라
울부짖을 줄 알았나요
사랑에 속은 내가 바보였죠

잡으면 뭐 해요 이미 떠난 마음
울어봤자 뭐 해요 사랑은 끝났는데

뒤돌아보지 말고
그냥 멀리 가버려요
나는 쿨한 여자
어서 내 눈앞에서 사라져 줘요

나는 쿨한 여자
어서 내 눈앞에서 사라져 줘요
사라져 줘요 사라져 줘요

이젠 당신을

아픈 몸 일으켜 새벽별 보며 나가
저녁별에 돌아오는 당신이 안쓰러워

몸이 부서져도 괜찮다 웃는
그 모습 볼 때면
내 가슴은 천 갈래 만 갈래
찢어지는 듯 아파요

어떤 고운 말로 위로해야
당신 아픈 몸 조금이라도 나을까
꽃잎처럼 곱던 젊은 날
되돌릴 수만 있다면

여보, 이젠 내가 당신을
하늘로 떠받들고 살아갈게요
내 모든 사랑 다 바쳐
어떤 따뜻한 말로 감싸안아야
당신 지친 마음 조금이라도 풀릴까
푸른 잎새처럼 싱그러웠던 시절
그 행복 다시 찾아줄 수 없을까

아픈 내 마음 어찌해야 하나요
여보, 이제부터 당신은 나의 하늘
그렇게 소중히 떠받들고 살게요

새빨간 거짓말

서로 영원을 약속했던 그날
이제 와 보니
사랑도 미움도 부질없네
꽃바람 불어오던 밤
수줍음도 잊었던 그때

구름마저 숨어 울던 밤
죽는 날까지 사랑한다던 맹세
새빨간 거짓말이었나

덧없이 흘러가는 시간 속
기울어진 달빛 아래
내 얼굴을 어루만지던 그대
이제 눈물은 메마른지 오래
잊으려 해요 당신도 부디 나를 잊어요

별들도 따라 울던 밤
새빨간 거짓말이었나
새빨간 거짓말이었나

하모니카 소리

달빛 흐르는 고요한 밤이면
나 홀로 오르는 뒷동산
그리운 마음 담아 띄우는
하모니카 소리 밤하늘 편지

보고 싶다 간절한 그 마음
밤바람에 실어 보내는
애틋한 하모니카 편지

그리움 실은 소리 내려가면
어디선가 나타나는 단발머리 소녀
종종걸음으로 다가와
수줍은 미소 달빛 아래 피어났네

별 헤는 밤 반짝이는 밤이면
나 홀로 오르는 언덕 위
애타는 마음 새겨 보내는
하모니카 소리 밤하늘 전보

그리운 얼굴 사무치는 그리움
밤바람에 실어 보내는
아련한 하모니카 소리

그리움 실은 전보 내려가면

어디선가 달려오는 단발머리 소녀
어느새 내 곁에 다가와
별빛 아래 수줍게 미소 지었네

단발머리 소녀 내 곁에 살며시
단발머리 소녀 별빛 아래
하모니카 소리와 함께
아름다운 사랑의 노래를 불렀네

선물

어둠을 걷어 내고 찾아온 새벽
창가에 쏟아지는 눈부신 햇살처럼
환한 미소로 나를 안아 주는 그대
숨쉬는 이 순간마저 벅찬 선물 같아요

온 세상 가득한 아름다운 풍경들
푸른 산과 드넓은 들녘 어디든
넘쳐나는 축복 속에
그대 향한 사랑은 내 삶의 가장 귀한 선물이죠

피었다가 스러지는 꽃잎 위에도
그대 은은한 향기가 깃들고
밤새도록 속삭이는 작은 새들의 노래에도
싱그러운 그대 목소리 담긴 듯 특별한 선물 같아요

날마다 떠오르는 해와 달빛 가득한 세상에서
오직 그대와 함께 영원히 행복하고 싶어요
사랑하는 나의 사람 손 맞잡고
저 멀리 아름다운 사랑의 길 함께 걸어가고 싶어요

사라진 그대

웃음 가득했던 날들은
흩어진 꿈처럼 아득하고
마주 앉은 오늘 침묵만이
무거운 그림자 드리우네

한참 만에 힘겹게 꺼낸 말
우리 이제 그만 만나야 할 것 같아요
핼쑥한 얼굴 차가운 이별의 고백에
나는 굳어버린 채

늘 웃음꽃 피어나던 날들은
가슴 저 깊이 아련한데
떠나려는 그 마음 이미 굳었나
하얀 손은 힘없이 떨리고

은은하게 흐르는 슬픈 멜로디
사랑은 조용히 멀어져 가는데
텅 빈 가슴 움켜쥐고
눈 감았다 뜨니
환상처럼 사라진 그대
덧없이 사라진 그대

스물네 시간

눈을 뜨면 떠오르는 그대 얼굴
매일 반복되는 행복한 아침이죠

내 삶의 가장 눈부신 선물
온종일 내 마음은 그대 향해 춤을 춰요

스물네 시간 온통 그대 생각
스물네 시간 벅찬 사랑 그대여

그대 없던 세상은 흑백의 그림자였지만
이젠 매 순간이 반짝이는 보석 같아요

내 하루의 전부 가장 소중한 선물
내 마음 깊은 곳엔 늘 그대뿐

스물네 시간 잊을 수 없는 그대 모습
스물네 시간 영원히 변치 않을 내 사랑
내 가슴 가득한 사랑 오직 그대

사랑하고 싶은 사람

내 마음 포근히 감싸안아 주는 그대
함께 있는 시간은 더없이 편안하고
혼자 남겨지면 자꾸 그리워지는 사람

환한 웃음으로 나를 맞아 주고
내 이야기에 귀 기울여 주는 사람
아랫목처럼 따뜻한 손길과
맑고 깊은 마음을 가진 그대 같은 사람이 좋아요

내가 간절히 사랑하고 싶은 사람은
들꽃처럼 은은한 향기를 풍기고
별빛처럼 반짝이는 눈빛을 가진

바로 내 앞에 미소짓고 있는 당신
나의 마음을 온통 사로잡는 그대

곁에 없으면 텅 빈 듯 허전하고
두 눈 마주하면 세상 가장 행복해지는 사람

불꽃놀이

찰나의 순간, 번개처럼 스친 불꽃
그날의 운명적인 만남이었나
거부할 수 없는 강렬한 이끌림에
온몸은 뜨거운 사랑의 열병을 앓았네

만약 그날 스쳐 지나가지 않았더라면
평범했을 우리의 시간들

황량한 벌판을 떠돌던 나의 외로운 그림자에게
그대가 걸어와 순식간에
메마른 세상은 황홀한 불꽃놀이가 되었네

운명처럼 강렬하게 타오른 사랑
그 뜨거운 화염 속 너와 나는 하나 되어

만약 그날 서로를 알아보지 못했다면
단 한 번도 타오르지 못했을 가슴

차가운 세상 속 홀로 떨던 나의 하루에
그대가 다가와 마침내
모든 것을 삼킬 듯 뜨거운 불꽃놀이가 되었네
찬란한 불꽃놀이로

해바라기 사랑

그대 눈빛 한 번 스칠 때마다
가슴은 애타는 해바라기처럼
약속의 그림자 흔들릴 때면
내 마음마저 불안한 꽃잎처럼 떨려요

오직 그대만을 향하는 간절한 사랑
지는 꽃잎처럼 슬프기보다
떠오르는 햇살처럼 환하게 웃고 싶어요
매일 아침 해바라기처럼
그대만을 따라가는 내 마음 알아주세요

그대 먼 곳을 바라볼 때면 가슴 철렁
그대 엉뚱한 말 한마디에도 마음 울렁
오직 그대라는 태양만을 바라보며
살아가는 나의 해바라기 사랑이죠

철렁대는 불안함보다는
울렁이는 설렘으로 가득 채우고 싶어요
지는 해 대신 떠오르는 해처럼
시들지 않는 꽃처럼
매일 그대 향해 피어나는
나의 해바라기 사랑을 알아주세요
나의 이 간절한 마음을 알아주세요

앵두야

앵두야 보고 싶다
붉게 물든 네 모습
어디에 있니 내가 사랑하는 앵두야
달 뜨고 별 지는 밤이면
더욱 사무치는 그리움

내 안에 간직한 이 사랑
꽃잎 흩날리고 나비 춤추는 날엔
네 모습 더욱 선명하게 떠올라
도톰한 그 입술 잊으려 해도
밤마다 꿈속에 아른거려

앵두야 보고 싶다
이제는 내 곁으로 돌아와 줘
아무에게도 말 못 할 이 깊은 마음
까치 울음소리 들려오는 날엔
혹시 네 소식 올까 더욱 간절해져

꽃 피고 나비 날아드는 계절이 오면
빨갛게 익은 앵두처럼
사랑스러운 네 모습
잊으려 애쓰지만
가슴 저 깊이 차오르는 이 그리움

파트라

그대 없는 세상은 텅 빈 하늘
단 하루도 견딜 수 없어 무의미한 시간
숨쉬는 것조차 잊을 만큼
그대 없는 삶은 상상조차 할 수 없어요

클레오파트라도 나처럼 애절했을까요
사랑의 덫에 깊이 걸려
헤어나올 수 없는 불나방처럼
그대에게서 벗어날 수 없어

그대 없는 곳은 암흑 숨막히는 고통
오직 그대 미소만이 나를 웃게 하죠
그대 없는 세상은 빛 잃은 별처럼
꿈조차 꿀 수 없는 절망일 뿐
사랑의 불꽃 속으로 뛰어든
클레오파트라의 운명처럼

어떤 파도가 몰아쳐 와도
오직 그대에게 향하는 나의 발걸음
그대 없는 세상은 앙상한 가지
클레오파트라의 뜨거웠던 사랑처럼
영원히 영원히 영원히

사랑도 아프다

바람에 흩날리는 여린 꽃잎처럼
애써 감춰보려 해도
두 뺨 위로 흘러내리는 눈물

사랑은 언제나 달콤한 꿈결 같아서
아픔 따윈 없을 줄 알았죠
눈물 대신 웃음꽃만 피어나는
영원한 행복만 있을 줄 믿었죠

사랑이 시작될 때
그 속에 슬픔의 씨앗 함께 묻혔는지
우리의 사랑 안에
이별이 자라고 있는 지 몰랐어요

가슴을 날카롭게 찌르는 이별의 아픔
사랑도 이렇게나 아픈 건가요 그대 때문에
사랑과 이별은 늘 그림자처럼
함께하는 건가요

사랑은 늘 설탕처럼 달콤하고
깨소금처럼 고소한 기쁨만 주는 줄 알았는데
잔인하게 흩어져 버린
깨진 유리 조각 같은 아픔도 함께였네요

산딸기 처녀

발걸음 뜸한 외로운 산길 어디에도
기다리는 님은 그림자조차 보이질 않네
붉게 익어 버린 산딸기처럼
혼자 타오르는 이 마음 어찌해야 할까

오늘 하루도 이렇게 저물어 가는데
내일은 정말 꼭 오실 거죠
그대 따스한 손길로
온몸에 번진 이 열기를 잠재워 주세요

적막한 산길에는 바람 소리만 스쳐 가고
지는 해는 붉게 물들어 나를 더욱 애태우네
오신다는 약속만 남겨 두고
오늘도 그대는 소식이 없네요

내일은 제발 꼭 와 주세요
간절한 나의 기다림
그대 손으로 부디
온몸에 옮겨붙은 이 사랑의 불꽃
꺼 주세요 꺼 주세요
타버린 재만 남지 않도록
꺼 주세요 꺼 주세요

파란 하늘

떡갈나무 숲 아래선
하늘이 흩어진 조각 같았는데
산마루에 올라서니
파란 하늘 한 폭이네요

어제는 거센 비바람에
옷이 다 젖었지만
오늘은 우리 사랑처럼
구름 한 점 없이 맑아요

여보 더도 말고 덜도 말고
지금처럼만 웃으면서 살아요
저 넓은 하늘처럼
우리 둘 영원히 파란 하늘로

지난 세월 돌아보면
조각보 같은 날들이었지만
그 한 조각마다 당신이 있어
모든 순간이 소중했어요

힘든 시절 지나고
아이들은 제 갈 길 잘 가서
어깨 펴고 바라본 하늘
더 파랗게 보이네요

여보 더도 말고 덜도 말고
지금처럼만 함께 웃어요
저 넓은 하늘보다 더
우리 사랑 영원히 파란 하늘로

그 말

영원히 사랑한다던 그 말
세상 끝까지 함께라던 그 맹세
새끼손가락 걸고 속삭이던 약속들

정말 다 잊으셨나요
모르는 척 돌아서는 건가요
차갑게 변한 그대 모습에
말없이 깊은 상처만 남았죠
그대 없인 살 수 없는 나인데

영원히 사랑할 거라고
내 모든 걸 묶어 두었으면서
떠난다는 그 말은 믿을 수 없죠
내가 없이 살 수 있다는 건가요

못 들은 걸로 할게요
아무 말 말고 내게 돌아와요
다시 사랑해요 찬란했던 그때처럼

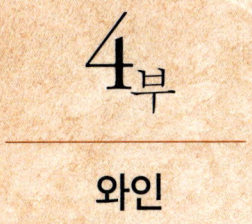

4부

와인

사랑의 시작

은은하게 퍼져오는 커피의 부드러운 향기
잔잔하게 흐르는 감미로운 멜로디
그대와 눈빛 마주친 순간
가슴 속 설렘이 일렁이면
아아 그 떨림 그 두근거림
그것이 사랑의 시작이죠

여린 들꽃잎에 살포시 내려앉은 수줍은 나비
나비의 날갯짓에 조용히
미소짓는 순수한 들꽃
그저 바라보는 것만으로도
온 마음에 따스한 미소 번지면
아아 그 평온 그 행복
그것이 사랑의 시작이죠

오늘 떨리는 손으로 그대의 하얀 손을 잡았네
벅찬 설렘에 밤새도록
잠 못 이루는 밤
언제쯤 내 마음 그대에게
온전히 닿을까
조용히 그대 따뜻한 품에
안길 그날을 꿈꿔요

구불구불 이어진 오솔길 따라
맑고 푸른 하늘 아래

지저귀는 새들의 노랫소리
어깨 나란히 기대어 함께 걷는 발걸음
아 그 따스함 그 편안함
이것이 사랑의 시작이죠

너무 보고 싶어요

찬바람이 옷깃을 스치던 날들이
얼음꽃 피어나던 겨울 언저리가
엊그제 같은데 어느새
산자락엔 꽃잎이 흐드러지고
푸른 새싹이 돋아났어요

하지만 나의 그대는
영원히 밤하늘을 가로지른
덧없는 별똥별처럼
아무리 불러도 돌아오지 않네요

아~ 나의 사랑 어디로 가면
그림자라도 만날 수 있을까요
보고 싶어요
너무 보고 싶어요

매화꽃 피어나면 돌아온다 했고
진달래꽃 물들면 돌아온다 했는데
온 산에 꽃불이 번지고
나비들이 춤추며 날아오는데

나의 그대는
저 멀리 날아간 화살처럼
붙잡을 수도 다시 볼 수도 없네요

아~ 나의 사랑 어디 있나요
그리움이 사무쳐
밤마다 홀로 흐느끼는
이 시린 가슴 어찌해야 할까요
너무나 너무나 보고 싶어서

이 간절한 마음을

그대 향한 내 사랑
거센 물결처럼 막을 수 없어
내 온 마음을 삼키고
흐르는 강물 같은데

어찌 이리 더딘가요
그댈 부르는 소리가 들리지 않나요
애타는 이 마음 알아줄
그날은 언제쯤 올까요

그대 없는 하루하루
메마른 가지처럼 야위어 가요
부디 이 간절한 사랑을
외면하지 말고 받아주세요

그대에게 향하는 내 가슴은
태양처럼 막을 수 없어요
시간이 흘러간다고
사라질 사랑 아닌데

우리 사랑은 왜 이리 더딘 걸까요
목마르게 그대를 기다리는
애끓는 이 마음 알아줄
그날은 언제일까요

그대 없는 하루하루
메마른 가지처럼 야위어 가요
부디 이런 내 마음을
피하지 말고 받아주세요

아시나요 불볕 같은 나의 마음을
타는 듯한 나의 사랑을
오직 그대만을 향한 이 간절한 마음을

설마

서쪽 하늘로 넘어가는 해는
어김없이 다시 떠오르는데
하늘 아래 수많은 꽃 중에
나 하나만을 바라본다던 그대는
저 강 건너로 영영 떠나가시나요
저 산 너머로 끝내 가시는 건가요

설마 했던 그 말이 설마가 아니었나
정말인가요 정말 떠나시나요
믿을 수 없어요 믿고 싶지 않아요

그럴 리 없어요 정말 그럴 리 없어요
가지 마세요 부디 떠나지 마세요
나를 두고 가지 마세요

어둠 속으로 사라지는 달은
내일이면 다시 나타나는데
하늘 아래 수많은 별 중에
나 하나만을 사랑한다던 그대는
저 강 건너로 아주 가시려 하나요
저 산 너머로 영영 넘어가는 건가요

행여나 했던 희망은 산산이 부서지고
정녕 떠나시나요 이대로 끝인가요

안 돼요 안 돼요 그건 안 돼요

그럴 리 없어요 정말 그럴 리 없어요
떠나지 마세요 제발 가지 마세요
나를 홀로 두지 마세요
떠나지 마세요 떠나지 마세요

기적

아침엔 해가 솟고 저녁엔 별이 뜨는
모든 풍경 모든 숨결 바람과 시냇물 소리
어느 것 하나 기적 아닌 게 없지만

아~ 이 넓은 세상 속
우연히 만난 당신과 나
웃고 울며 함께하는 삶
그보다 눈부신 기적은 없어요

꽃 피고 새가 노래하는 자연 속에서도
빨래를 개고 딸기를 씻으면서도
당신과 한 이불 아래 잠드는 일
그보다 경이로운 기적은 없다고 난 믿어요

다투다 한 시간도 못 가 풀리는 일 또한
말 그대로 놀라운 기적인걸요

아~ 이 넓은 세상 속
운명처럼 만난 당신과 나
웃고 울며 함께하는 삶
그보다 눈부신 기적은 없어요

여보 당신을 영원히 사랑해요
이 고백조차 내겐 더없는 기적인 걸요

와인

네 입술을 찾아가는 순간
달콤한 향기 먼저 다가와
초저녁부터
벌써 취해버릴 것 같은 밤이야
천천히 음미하는 이 한 잔

네 고향은 바람 부는 그 어디겠지
붉은 노을이 외로운 샘에 잠기는 곳
아무도 들인 적 없는 내 마음에
치명적인 네가 밀고 들어오네

황홀한 입술에 내 입술을 대고
불꽃 같은 유혹에
한 모금 또 한 모금
조금씩 너를 닮아가다
온몸이 뜨거워지는 황홀경

네 고향은 바람 부는 그 어디겠지
붉은 노을이 외로운 샘에 잠기는 곳
아무도 들인 적 없는 내 마음에
치명적인 네가 들어오려 하네

시간이 흐를수록 더 갈증 나는 입술
마지막 한 방울까지 놓칠 수 없는 너

참

매일 밤 홀로 그대 그리며
마음속 깊이 그 한마디만을 기다렸죠
해바라기처럼 늘 그대만 바라보며
수줍게 사랑의 꿈을 키워 왔어요

어느 날 떨리는 그대 입술에서
기다리고 기다리던 사랑의 말이 흘러나왔고
차가웠던 나의 외로운 손을
따스하고 조용히 잡아 주었죠

사랑한다는 그 한마디에
왈칵 쏟아지는 뜨거운 눈물과
숨길 수 없이 터져 나오는 환한 웃음
눈물과 웃음이 묘하게 뒤섞이니
아~ 사랑이란 참 신비로운 것

그대 따스한 숨결이 조심스레 다가와
텅 비고 허전했던 나의 가슴을
따뜻하게 한 아름 가득 안아 주었죠

사랑한다는 그 짧은 고백에
벅차오르는 감격에 눈물짓고
세상 모든 행복 다 가진 듯 웃음짓고
이토록 가슴 벅찬 감정이

사랑이란 참 묘한 것

눈물과 웃음 그 사이
야릇하고 벅찬 이 마음
아~ 사랑이란 참
알 수 없는 신비로운 것

둘이 좋아

살다 보니 알겠더라
교과서엔 안 나오는 진실
한 번뿐인 이 짧은 인생
섬처럼 살면 썰렁하더라

혼자는 맹물 같은 하루
심심한 밥상에 김도 없고
두 번 다시 오지 않을 세월
짝이 없으면 찬바람이더라

왜 그리 바다 한가운데서
외딴섬처럼 살아왔을까
외로움을 오징어처럼
질겅질겅 씹으며 살았을까

이제는 둘이 좋아
하루가 달라 밤이 다정해
꽁무니 졸졸 따라다니는 그 사람
이젠 슬며시 손을 잡아봐야지

살다 보니 알겠더라
성적은 꼴찌라도 괜찮더라
한 번 사는 이 짧은 인생
재미있게 살아야 되더라

남자든 여자든 혼자면
라면도 눈물 맛이 나고
등이 근질근질해질 때
긁어줄 손 하나 그리운 거지

괜히 선심 쓰는 척하면서
그 사람에게 시간을 내야지
혼자인 척 센 척 말고
이젠 솔직해질 때가 됐어

둘이서 걸어가는 길
덜 춥고 덜 외롭고 덜 심심해

삶이란 것도 결국
옆에 누가 있느냐더라

그대 향기

그대를 만나고 오면
내 손끝에 풋풋한
그대 향기가 배어 있어요
산속을 걷다 보면
솔바람 불고
그 바람 속을 걸어가면
푸른 물이 드는 것처럼

그대 만나고 온 날엔
단비에 젖은 풀잎처럼
내 안에 생기가 돌아요
세상이 온통 샘처럼 변해요

그대를 만나고 오면
내 볼에 달콤한
그대 향기가 묻어 있어요
들길을 걷다 보면
꽃바람 불고
그 바람 사이 걷다 보면
고운 물이 드는 것처럼

그대 만나고 온 날엔
나비와 노는 꽃잎처럼
내 입가에 미소가 번져요
세상이 온통 달처럼 환해요

어떤 향수보다도
어떤 꽃내음보다도
가장 좋은 향기는
바로 그대예요

내 손끝에 내 볼에
그대 향기가 아직 머물러요
내 손끝에 내 볼에
그대 향기가 아직 머물러요

방황

텅 빈 그대 자리 홀로 남겨진
나의 하루는 멈춰 버린 듯
그대 떠난 뒤 멍든 가슴 안고
끝없이 헤매이는 그림자

홀로 남겨진 그대는
어떤 모습으로 시간을 보낼까
나를 지워가며 무심히
오늘을 살아가고 있을까

정녕 이별이 우리의 끝인가요
돌이킬 수 없는 길을 건넌 건가요
해가 떠올라도 내 세상은 짙은 안개 속
길 잃은 아이처럼 방황하는데

차마 잊지 못해 찾아간
별빛 쏟아지던 그 언덕 위
가슴 시린 추억들이
흩어진 별처럼 쏟아져 내리네

나를 떠나간 그대는
고요한 밤하늘 아래
달을 보며 별을 헤아리며 웃을까
내게 남겨진 슬픔은 이토록 깊은데

어째서 우리는 멀어져야만 했나요
어째서 서로 다른 길을 택해야 했나요
찬란한 햇살 쏟아져도 내 세상은 먹구름 가득한 채
끝없이 하염없이 정처 없이 헤매이네

아직도 잊지 못해 다시 찾아온
함께 꿈꾸던 별똥별 언덕
가슴 깊숙이 새겨진
아련한 그대 숨결만이 희미하게 남아

몰라요

몰라요 몰라요 정말 모르겠어요
대체 왜 나를 멀리하는 거죠
누가 생긴 건가요
다른 사람에게 간 건가요

그대 속마음 꿰뚫는 안경이라도 있다면
이리 미련하게 기다리진 않을 텐데

시도 때도 없이 메시지 보내고
답 올까 봐 폰만 두근거리며 보는데
몰라요 정말 너무한 거 아닌가요
문자 하나 보내지 않다니

결국 그런 거였나요 정말 누가 생긴 건가요
그 사람에게 홀려 나를 버린 건가요
사랑이 고작 이런 건가요
나만 이렇게 버려져야 하나요

사랑이 다 이런 건가요 이렇게 아픈 건가요
이토록 미련하게 매달려야 하나요

몰라요 몰라요 용서 못 해요
어떻게 나를 멀리할 수 있죠
다 말해 봐요 대체 누가 있나요

나를 버리고 떠날 만큼 좋은 사람인가요

몰라요 몰라요 절대 이해 못 해요
왜 나를 이렇게 비참하게 만드나요
알고 싶지도 않아요 누가 생겼는지
나 말고 다른 사랑이라니 정말 너무하네요

흔들릴수록

나무를 흔드는 건 한 줄기 바람
내 마음 흔드는 건 오직 그대

나무는 거친 바람에 꺾일지라도
나는 흔들릴수록 더욱 굳세게
두 손으로 당신을 붙잡아요 놓지 않아요

아 내 사랑 그대여
더욱 세게 나를 흔들어 주세요
그 흔들림 속에서
더 단단해지는 우리의 사랑

나무는 모진 비바람에 부러질지라도
나는 흔들릴수록 당신이 더욱 좋아져
잡은 손 놓지 못 해요 놓을 수 없어요

아 내 사랑 그대여
더욱 뜨겁게 나를 흔들어 주세요
그 흔들림 속에서
우리의 사랑은 숲처럼 푸르를 테니

나무를 흔드는 건 바람이지만
내 삶을 흔드는 건 오직 당신

바로 당신

몸이 시린지 마음이 아픈지
말없이 알아주는 단 한 사람
따스한 손길로 어루만져 주는 이
이 세상에 오직 당신뿐입니다
그대 없으면 나는 존재할 수 없어요

기나긴 인생길에
내 모든 것을 기댈 수 있는
유일한 사람
바로 당신 오직 당신

비가 내리는지 먹구름이 드리웠는지
미리 알고 다가와
아픈 마음 감싸안아 주는 이
그대밖에 없습니다
당신이 있기에 내가 숨쉴 수 있어요

아득한 인생길에서
내가 의지할 수 있는 단 한 사람
바로 당신 내 삶의 빛 당신
영원히 함께할 당신

신기루

지금 우리는 사랑하는 건가요
점점 더 멀어져
잡을 수 없는 꿈처럼 사라져 가는 건가요
애타는 내 심장은 여전히 그대를 향하는데
그대 모습은 아득한
신기루처럼 잡히지 않네요

내 삶의 전부였던 빛나던 시간들
뜨거운 사막 위에
아른거리는 신기루였던 건가요
들꽃조차 부러워하는 우리의 사랑 이야기
그 아름다운 오솔길
다시 그대와 함께 걷고 싶어요

보고 싶은 그대 얼굴
애타게 잡고 싶은 그대 두 손
길고 긴 밤의 끝
새벽이 오듯
저 멀리서 그대가 환한 미소 지으며
걸어와 주기를 간절히 기다려요

내 삶의 중심이었던 소중한 추억들
사막 저 편
아련하게 흔들리는 신기루처럼

들꽃조차 부러워하는 우리 사랑
그 오솔길 다시 함께 걸어 봐요

바보 같은 사랑

사랑이 흩날리면 눈물 되어 맺히고
그 눈물마저 식으면 차가운 이별이 되네
눈앞에 다가온 마지막 순간 붙잡으려
뒤늦게 애원했던 어리석은 사랑

상처를 줄수록 마음은 멀어져 가고
멀어진 마음은 사랑마저 떠나보내네
봄바람처럼 부드럽게 감싸 주었다면
좀 더 따스한 눈빛으로 대하면 좋았을
바보 같은 나의 사랑

시간만 나면 달려가 서로를 찾았고
영원으로 갈 줄 믿었던 사랑
작은 오해와 서툰 말들이 쌓여
돌이킬 수 없는 이별로 끝나 버렸네

좀 더 넓은 가슴으로 안아 주었다면
좀 더 깊은 마음으로 대하면 좋았을
어리석었던 나의 사랑

시간만 나면 함께 웃었던 날들은
이제는 아득한 추억 속에 머무는데
사소한 다툼의 그림자가 길어져
끝내 우리 사랑은 저물고 말았네

좀 더 넓은 가슴으로 안아주었다면
좀 더 깊은 마음으로 대하면 좋았을
어리석었던 나의 사랑

너를 사랑했지만

사랑했지만 이젠 흐릿한 이야기
덧없이 흘러가 버린 강물 같은
소용없는 줄 알면서도
함께 걷던 그 오솔길을 서성이네

너와 나는 참 잘 맞았지
미래를 이야기할 만큼 가까웠는데
거스를 수 없는 운명의 바람에
어쩌지 못하고 놓아주었네

어떤 바람결에는 꽃이 피고
어떤 바람결에는 꽃이 지듯이
우리 사이를 갈라놓았던 바람은
아마 심술궂은 바람이었나 봐

이제는 아련한 기억의 조각들
추억은 마른 풀잎 같고
사랑은 찰나처럼 지나갔지만
그대는 부디 활짝 웃는 꽃처럼
행복하면 좋겠어요

너는 내 하늘

그날 그대는 그저 거기 있었을 뿐
걷다가 눈 마주친 작은 들꽃 하나
그렇게 우리는 인연이 되었고
사랑이 싹트는 걸 그때 이미 알았죠

운명은 거창한 것이 아니었네
그날부터 나는 그대의 하인
내 세상의 전부
그대는 나의 하늘이 되었어

그냥 거기 있었을 뿐인데
말없이 웃어 준 그 들꽃 하나
그렇게 우리는 인연이 되었고
사랑의 포로가 되는 걸 그때 벌써 알았죠

운명은 멀리 있는 것이 아니었네
그날부터 나는 그대의 하인
내 세상의 전부
그대는 나의 하늘이 되었어

영원히 변치 않는 나의 하늘이 되어 줘
오직 그대만이 나의 하늘이야

거꾸로 가는 시계

흩날리는 푸른 버들잎처럼
아련한 꿈결 같았던 시절
거꾸로 돌아가는 시계를 찬다면
청춘의 그날로 돌아갈 수 있을까

함께 걷던 길가 들꽃도 눈부셨지
아~ 붉게 타오르던 그날의 입맞춤

거꾸로 돌아가는 시계를 차고
그때로 다시 돌아가면

지금도 강물은 그대로 흐르고
지금도 바람은 풀잎을 흔들고
그대는 나를 기다릴까

거꾸로 가는 시계를 태엽을 감으면
그때로 돌아갈 수 있을까

내가 사랑했던 사람이여
나를 사랑했던 사람이여
거꾸로 가는 시계를 차면
그 시절로 돌아갈까
다시 만날 수 있을까

5부

비 오는 날의 끌림

커피 같은 사랑

향긋한 커피처럼 스며든 그대
달콤한 첫 모금 황홀한 순간
쌉쌀한 뒷맛마저 끌리는 매력
설탕처럼 달콤한 그대 미소에 녹아

심심하고 싱겁던 나의 일상에
롤러코스터처럼 짜릿한 사랑을
진정한 사랑의 깊이를 가르쳐 준
나의 운명 커피 같은 그대

온몸을 녹이는 뜨거운 사랑
차가운 세상마저 녹일 듯한 열기
때로는 부드럽게 때로는 강렬하게
핫 커피와 아이스 커피를 오가는 그대

미지근했던 나를 흔들어 깨운
천국과 지옥을 맴도는 사랑
숨막힐 것 같은 사랑의 참맛을 알려 준
나의 전부 커피가 된 그대

헤어 나올 수 없는 깊은 사랑
뜨겁게 혹은 차갑게 다채로운 그대
사랑의 진정한 의미를 알려준
나의 생활 전부가 된 그대

사랑해 나의 커피
사랑해 나의 사랑 영원히

가슴과 가슴 사이

두 개의 심장이 조용히 마주 봐야
사랑은 그 숨을 쉬어요
닿지 않는 마음은 텅 빈 공간
이야기는 시작될 수 없죠

가슴과 가슴 사이 떨림만이
사랑의 성을 쌓아요
사랑은 두 사람이 만드는 노래
멀어진 가슴엔 침묵뿐
감정은 피어나지 않고
심장은 멈춘 듯 고요하죠

가슴과 가슴 사이 온기가 흘러야
메마른 감정에 단비가 내려와요
가슴과 가슴 사이에 피어나는 불꽃
희미한 떨림이 거대한 불길로
세상 온기를 담은 듯 뜨거워지죠

사랑은 서로의 숨결을 닮아가고
멀어진 가슴엔 차가운 외로움
닿을 수 없는 그림자만 남아
엇갈린다면 불씨조차 꺼져요

가슴과 가슴 사이 타오르는 불꽃

사랑의 맹세는 연기처럼 피어나
세상 어떤 뜨거움보다 깊은 사랑
꺼지지 않을 불꽃 함께 춤을 춰요

무지개 사랑

그대에게 향하는 이 마음이
비 온 뒤 홀연히 뜬 무지갠가요
자꾸만 만나고 싶어 쫓아가 보지만
그대는 아득히 멀리 달아나네

닿으려 하면 물러서고 좁혀지지 않는 사랑
끝없이 희미해져 보이지 않는 그 얼굴
그대를 끝내 만날 수가 없네요

손댈 수도 없어요, 우리 사랑 이런 건가요
허공에 스러지는 무지개 같은 사랑인가요
사랑이 이토록 부질없는 거라면
그런 사랑 무엇 때문에 하나요

닿으려 하면 물러서고 좁혀지지 않는 사랑
끝없이 희미해져 보이지 않는 그 얼굴
그대를 끝내 만날 수가 없네요

손댈 수도 없어요, 우리 사랑 이런 건가요
허공에 스러지는 무지개 같은 사랑인가요
사랑이 이토록 부질없는 거라면
그런 사랑 무엇 때문에 하나요

사랑이 그저 애만 태우는 거라면

그런 사랑 무엇 때문에 하나요
그런 사랑 무엇 때문에 하나요

가슴 시린 기다림

만날 때마다 좋다는 그 말뿐
전화할 때마다 좋다는 그 말뿐
그대 입술에 맴도는 흔한 인사죠
정작 사랑한단 말은 아끼나 봐요
내 맘 이렇게 애타는데 그댈 어쩜 좋아요

사랑은 분명 가슴으로 하는 건데
그대 마음 콩알만 한가요
좋다는 그 말로는 부족한데
메마른 내 가슴 이토록 외롭다는데
차가운 손 한 번 잡지도 못하나요

카톡 보낼 때도 좋다는 그 말뿐
문자 보낼 때도 좋다는 그 말뿐
그대 할 줄 아는 건 고작 그 말뿐이죠
사랑한다는 말은 휴가 보냈나 봐요
타는 듯 목마른데 괜히 모른 척하나요

사랑은 분명 가슴으로 하는 건데
그대 마음 콩알만 한가요
좋다는 그 말로는 부족한데
메마른 내 가슴 이토록 외롭다는데
차가운 손 한 번 잡지도 못하나요

무엇이 그리 두렵고 망설여지나요
내 가슴 이렇게 시리고 외로운데
뜨거운 사랑으로 안아 주면 안 되나요
뜨거운 가슴으로 안아 줄 순 없나요

아름다운 죄

내가 만약 잘못한 게 있다면
그건 오직 널 사랑한 죄였지
사랑 때문에 벌을 받는다면
난 기꺼이 그 벌을 감당할게

이 넓은 세상 어디로 사라진 거니
어떻게 너는 나를 떠날 수 있었니
차라리 속 시원히 말이라도 해 주지
내가 너를 사랑한 게 죄였다면
네 그 아름다움은 죄가 아니니

내가 만약 잘못한 게 있다면
그건 오직 너만을 갈망한 죄였지
사랑 때문에 벌을 받는다면
천 번이라도 다시 받을 수 있어

이 넓은 세상 어디에 숨은 거니
어떻게 내가 너를 잊을 수 있겠니
차라리 속 시원히 말이라도 해 주지
내가 너를 사랑한 게 죄라면
네 그 아름다움은 죄가 아니니
아 너의 그 아름다움이 나를 울게 하네

멍

바보처럼 이제야 깨달았소
눈에 보이는 상처보다 더 깊은 아픔이
그대 마음속에 숨은 지워지지 않는 멍이었다는 걸

지나온 모든 세월 후회하오
한없이 여린 그대 마음에
헤아릴 수 없는 아픈 자국을 남겼으니

바보처럼 이제야 깨달았소
겉모습의 상처보다
더 사무치게 아파 오는 것이
가슴속에 맺힌 멍이었다는 걸

그동안 얼마나 홀로 아팠나요
이젠 맹세할게요 두 번 다시는
그대의 맑고 투명한 마음에
어떤 멍도 남기지 않을게요

바보처럼 이제야 깨달았소
겉모습의 상처보다
더 사무치게 아파 오는 것이
가슴 속에 깊이 박힌 멍이었다는 걸

비 오는 날의 끌림

사랑이란 묘한 힘이 있어
자꾸만 내 가슴을 끌어당기죠
어쩌면 사랑에도 중력이 있나 봐요
내 모든 마음이 그대에게로 기울어

빗방울 떨어지는 날엔 사랑이 더 그리워
혹시 그대도 나처럼 그대도 나처럼
이끌림에 못 이겨 날 찾아올 것 같아
바깥으로 나서 보니 아아 저기 내 사랑
우산이 뒤집혀도 예쁜 그대 달려오네요
정말 사랑엔 거부할 수 없는 중력이 있나 봐요

빗방울 떨어지는 날엔 사랑이 더 그리워
혹시 그대도 나처럼 그대도 나처럼
이끌림에 못 이겨 날 찾아올 것 같아
바깥으로 나서 보니 아아 저기 내 사랑
우산이 뒤집혀도 예쁜 그대 달려오네요
정말 사랑엔 거부할 수 없는 중력이 있나 봐요

비 오는 날엔 사랑이 사무치게 끌려요
가슴 깊이 끌려요
온몸으로 끌려요
오직 그대에게로 끌려요

정거장

한참 머물다가 떠나가도
서운해 하지 않는 정거장

네 옆에 앉았다가 나 갈게 말할 때
그리 무심했던 너도
나를 그저 정거장으로 여겼던 거니

우리는 서로의 마음에
오래 머물지 않았네
마치 사람들이 어디선가 왔다가
어디론가 다시 떠나가는 것처럼

바람 부는 정거장에서
다가온 버스에 올라
카드를 찍는다

너 그런데

그런데 그런데 너 그런데
웬일로 내 앞에 불쑥 나타난 거니
만나 달라고 애원할 땐
들은 척도 안 하더니

무슨 바람이 불어 갑자기 찾아왔니
내 마음 떠보려고 그동안 튕겼던 거니

마침 저 산마루에 노을이 물드는데
들꽃 흐드러진 저 들길을 함께 걸어볼까

그런데 그런데 너 그런데
어쩌다 이렇게 불쑥 나타난 거니
만나 달라 사정할 땐
눈길 한 번 주지 않더니

어떤 바람이 널 데려온 거니
아직도 내 마음을 시험하려는 거니

마침 저 산마루에 달이 솟아오르는데
들꽃 가득한 저 들길을 함께 걸어볼까

홀로 선 남자의 연가

혼자 사는 남자지만, 내 맘은 변치 않아요
옆구리 시리다고 아무나 좋아 않으리
운명처럼 다가올 그대만을 기다릴 뿐

꽃밭처럼 여인이 늘어서도
내 가슴엔 오직 그대 한 사람
아시나요 내 진심을 괜한 말이 아니란 걸
내 비밀의 정원엔 오직 한 사람만 들어올 수 있죠
아시나요 내 마음 처음이나 지금이나 같아요

혼자지만 아무나 귀찮게 하지 않아요
그대 하나면 내 사랑 차고 넘쳐요

꽃밭처럼 여인이 늘어서도
내 가슴엔 오직 그대 한 사람
아시나요 내 진심을 괜한 말이 아니란 걸
내 비밀의 정원엔 오직 한 사람만 들어올 수 있죠
아시나요 내 마음 처음이나 지금이나 같아요

낙엽이 좋아

낙엽이 좋아
내 님이 좋아
철새처럼 돌아온 그대 어쩌면 좋아요
봄비처럼 찾아온 그대 어쩌면 좋아요

가을은 누구나 쓸쓸한 계절인데
낙엽 흩날리는 이 가을이
나는 너무 좋아요
그대를 어쩌면 좋아요
이 벅찬 가슴을 어쩌면 좋아요
아 떠났던 그대가 철새처럼 돌아와
세상 모든 낙엽이 꽃보다 더 아름답네요

철새처럼 돌아온 그대 어쩌면 좋아요
봄비처럼 찾아온 그대 어쩌면 좋아요

가을은 어디나 외로운 계절인데
낙엽이 굴러도 이 가을이
나는 너무 좋아요
그대를 어쩌면 좋아요
이 떨리는 가슴을 어쩌면 좋아요
아 떠났던 그대가 봄비처럼 돌아와
내 모든 순간이 꽃보다 더 환해졌네요

사랑아 춤춰라 꽃보다 더 아름답게
사랑아 춤춰라 꽃보다 더 환하게

어서 일어나

무슨 할 말이 그리 많은지
밤새 나직하게 내리는 봄비 소리
새벽이 열리도록
그치지도 않고 속삭이네

몰래 내 맘 스며든 봄비야
잠든 그녀 얼굴 위에
내 간절한 사랑을 내려 줘
내 모든 마음을 전해 줘

그대여 어서 일어나요
이 봄비 소리 좀 들어 봐요
내 마음 담아 전하는 말
사랑해요 정말 사랑해요
그대만을 기다렸어요

달콤한 꿈도 좋지만
이젠 내 손을 잡아 줘요
비 오는 이 아침에
그대가 너무 그리워요

그대여 어서 일어나요
이 봄비 소리 좀 들어 봐요
내 마음 담아 전하는 말
사랑해요 정말 사랑해요
그대 곁에 영원히 머물고 싶어요

사랑해요 어서 일어나요

보내기 싫은데

보내기 싫은데 정말 놓아 주기 싫은데
손을 뿌리치며 가 버리는 사람
끝내 붙잡을 수 없었지

잘 해 주지 못했던 시간들이
마음에 걸려 차마 잡지 못하고 보냈네

어쩔 수 없이 등을 돌리는 그대에게
나지막이 읊조렸어
그동안 너무 미안했어
돌아오기만 하면 정말 잘 할게
부질없는 말인 줄 알면서도

보내기 싫은데 정말 놓아 주기 싫은데
뒤도 돌아보지 않고 가는 사람
끝내 붙잡을 수 없었지

잘 해 주지 못했던 지난날들이
너무 부끄러워 차마 잡지 못하고 보냈네

애써 그댈 보내며 흐느끼는 뒷모습에 대고
조용히 속삭였어
정말 미안해
다시 와 준다면 내 모든 걸 바쳐 잘 할게

헛된 외침인 줄 알면서도

한 송이 들꽃

나는 그대를 기다리는 들꽃
가슴은 온통 설렘으로 술렁이네

어제는 매서운 비바람에
온몸이 꺾일 듯 흔들려도
오직 그대 걸어오실 들길만
하염없이 바라보았죠

오늘은 파란 하늘 아래
새들이 지저귀는 소리
저 멀리서 들려오는
그대 발자국 소리 같아요

아무래도 오늘은 날 보러
그대가 오시려나 봐요
이 작은 한 송이 들꽃
하염없이 그대를 기다립니다

이 작은 한 송이 들꽃
설레면서 그대를 기다립니다
하염없이 그대를 기다립니다
그대를 기다립니다

물레방아

한없이 돌고 도는 물레방아야
대체 얼마나 더 돌아야 그 맴돌기가 끝날까
내 사랑 가는 길도 너처럼 물레방아
그대 곁을 맴돌고 맴돌아도
결코 닿을 수 없는 사랑일까

돌고 돌아가는 물레방아 신세나
애가 타는 내 가슴속 타오르는 불꽃이나
매한가지 멈출 수 없는 운명인가

내 사랑 가는 길도 물레방아 같아
그대 곁을 돌고 또 돌아도
닿을 수 없는 아픈 인연인가
이 까마득한 사랑 끝이 없어라

돌고 도는 마음 그대에게 닿을 날 올까
끝없는 이 길 위에서 나는 그대만을 맴돌아

시시한 사랑은

활짝 핀 꽃보다 화사한 그대
내 삶에 내려온 가장 소중한 선물
시시한 사랑은 저리 가라!
오직 너로 인해 설렘 가득한 내 심장

꽃길만 걸어요 우리 찬란한 사랑
함께라면 세상 어디든 천국이 되죠
싱글벙글 웃음꽃 활짝 피어나
이 사랑 영원히 시들지 않을 거야

때론 힘든 날도 있었지만 괜찮아 함께라면
그대 손 잡고 다시 일어서면 돼
밝은 햇살처럼 눈부신 우리 꿈
모두 함께 하나씩 이뤄 가요

꽃길만 걸어요 우리 눈부신 사랑
함께라면 세상 어디든 천국이 되죠
싱글벙글 웃음꽃 활짝 피어나
이 사랑 영원히 시들지 않을 거야

세상 모두가 부러워할 만큼
그 어떤 그림보다 아름다운 사랑 만들어 가요
매일매일 기적 같은 행복한 나날
그대와 함께라면 그 어떤 시련도 두렵지 않아

내 사랑 그대여 우리 영원히 행복하자
시시한 사랑은 가라 오직 너와 나 영원히

빨간 꽃씨 하나

저 들녘에 피어난 작은 들꽃처럼
내 마음에도 꽃이 피었으면
손끝에서 살며시 놓아준
빨간 꽃씨 하나면 충분해요

빈 가슴엔 바람도 머물다 가지만
그대 마음만은 스쳐 지나가네요
왜 그 따스한 눈길
나만 비켜 가는 건가요

내 사랑은 욕심이 없어요
많은 건 바라지 않아요
그대 손에 쥔 작은 씨앗 하나면
내 봄이 달빛처럼 환할 거예요

왜 그 따스한 눈길
나만 비켜 가는 건가요

내 사랑은 욕심이 없어요
많은 건 바라지 않아요
그대 손에 쥔 작은 씨앗 하나면
내 봄이 달빛처럼 환할 거예요
달빛처럼 환할 거예요
달빛처럼 환할 거예요